Le Bichon Maltais

François Kiesgen de Richter

ISBN-13: 978-1541011380

ISBN-10: 1541011384

SOMMAIRE

François KIESGEN de RICHTER

Première partie

LE BICHON MALTAIS

Le Bichon maltais est vif, intelligent, et surtout très attaché à son maître. Il est aussi orgueilleux et susceptible, et, s'il a l'impression d'avoir subi une injustice, alors il peut se mettre à gronder.

C'est un joueur, un très bon compagnon pour les enfants qui respectent les chiens.

Il est très courageux et il aboie vivement contre les intrus, c'est un vrai signal « d'alarme ». À ce propos, très tôt il faudra le canaliser avec une éducation adaptée. Il faudra qu'il sache différencier les situations et ne pas aboyer à chaque fois qu'il entend l'ascenseur.

Gai, facétieux, enjoué, intelligent et débrouillard, il n'est pas un fatigué de naissance : il adore les longues promenades, même jusqu'à sa vieillesse.

Il fera la vie, pour une promenade : c'est son vrai bonheur et il ne faut pas lui en compter !!!

Une fois chez lui, il apprécie ses coussins et son confort. N'est-il pas un petit chien de compagnie ? Il est très attaché à ses maîtres et il les surveille sans relâche, attention car il fait parfois preuve d'adoration, et l'éducation devra limiter cette tendance.

Il aime avoir sa famille sous les yeux, parfois on dirait qu'il a l'instinct du chien de troupeau. Il est toujours en alerte.

En principe, s'il est socialisé, il s'entendra avec les autres chiens, et il a cette particularité de ne pas aller titiller les gros chiens. Il n'est pas provocateur.

Surtout, ne lui criez pas dessus : c'est un émotionnel. Il faut l'éduquer avec douceur et de fermeté. Son éducation est très facile, car il aime la flatterie.

C'est exclusivement un chien d'appartement qui demande beaucoup d'attention pour son entretien, surtout pour les sujets d'exposition.

Il a un défaut, qu'il faudra corriger dès son arrivée, : il supporte difficilement la solitude et se montrera destructeur en cas d'absences prolongées. Si vous le grondez en rentrant, il développera de la susceptibilité.

C'est un bon compagnon de jeu pour les plus grands enfants, mais il n'apprécie pas la brusquerie des plus petits.

Pour éviter de trop grandes angoisses à ce petit chien, il est important de lui apprendre très tôt à rester seul, et cela très progressivement.

Malgré sa très bonne disposition à la vie en appartement, le Bichon Maltais a besoin de sorties et d'exercices. Il faut prévoir au minimum deux sorties quotidiennes d'une demi-heure à une heure.

Il adore les activités sportives, à vous d'en trouver à son niveau. Je vous assure que sans être un grand compétiteur, il est doué en agility.

Le Bichon Maltais demande un entretien quotidien, j'ai consacré un chapitre à ce sujet.

Docile et intelligent, il apprend très vite mais il faut l'éduquer. Les ordres de base lui sont rapidement familiers, à partir du moment où ils lui sont donnés dès son plus jeune âge avec calme, fermeté et en utilisant la friandise et jamais l'autorité. Monsieur se vexe vite !

Il faut savoir qu'il est coquin et, lors de son apprentissage, il aura tendance à tester votre patience.

Soyez ferme et doux. Soyez calme, mais montrez-lui que c'est bien vous le maître. Et surtout n'utilisez que l'éducation positive avec lui : récompenser quand c'est bien, affirmez « **Non** » quand c'est mal. Il ne faudra pas utiliser la punition. Comme il se vexe jouer là-dessus. Cette méthode d'éducation conviendra très bien à ce petit être.

SES ORIGINES

Le bichon maltais était connu dans la Rome antique. C'est un chien très ancien, aimé des dames romaines. Le Bichon maltais vit depuis des millénaires en Italie, des écrits en témoignent.

Le nom maltais, d'après certains, n'a rien à voir avec l'île de Malte, mais vient d'une ancienne cité sicilienne appelée « Melita ».

L'adjectif "maltais" provient du vocable sémitique "màlat" qui veut dire refuge ou port ; cette racine sémitique se retrouve dans toute une série de noms de lieux maritimes comme dans le nom de l'île Adriatique de Méléda, et dans celui de la ville sicilienne de Melita, mais aussi dans celui de l'île de Malte. Sauf que, le mot « maltais » viendrait du phénicien màlat qui veut dire « lieu sûr », c'est l'origine du nom de Malte.

Les ancêtres de ces petits chiens vivaient dans les

ports ou les villes maritimes de la Méditerranée Centrale, où ils combattaient les souris et les rats qui pullulaient dans les magasins portuaires et dans les cales des bateaux. Dans sa nomenclature des chiens existants à l'époque, Aristote (384-322 A.C.) fait référence à une race de petits chiens auxquels il attribue le nom de "canes melitenses".

Ce chien a été chanté par Strabon, poète latin du 1er siècle P.C.

Des représentations du Bichon Maltais par de nombreux peintres de la Renaissance montrent ce petit chien dans les salons de l'époque aux côtés de belles dames du temps

Dans Les Caractères de Théophraste, le Poseur, pousse l'ostentation jusqu'à faire graver, à son décès, le nom de son bichon maltais, race de chien très chère et signe de luxe à l'époque.

LE STANDARD DE LA RACE

Notre monde moderne, fait une belle place aux concours canins, j'en suis moi-même un adepte.

Le Bichon Maltais, chien d'agrément et de compagnie du groupe 9, et de la section I, possède un standard à la Fédération Cynologique internationale publié le 27 novembre 1989, sous le numéro N° 65.

Le Bichon maltais est un petit chien dont le tronc dépasse d'un tiers en longueur la hauteur au garrot, donnant ainsi l'impression d'être étroit et long.

La tête, le tronc, la queue et les membres sont couverts d'un poil soyeux, très long et très brillant. Le crâne est plat. Les yeux sont arrondis et très foncés. Les oreilles, de forme triangulaire, sont insérées haut, pendantes et adhérant aux côtés du crâne, bien pourvues en poil. Les membres sont courts et d'aplomb, riches en poil. La queue est insérée dans l'alignement de la croupe. Son port présente une seule grande courbe et la pointe va toucher la croupe entre les deux hanches ; elle a des poils très longs qui touchent le jarret.

Son poil est dense, brillant, lourd, très long et surtout de couleur : blanc pur. On admet une teinte ivoire pâle et aussi des traces de nuances orange pâle, à condition qu'elles donnent l'impression de poils souillés.

Il mesure de 21 à 25 cm pour le mâle et de 20 à 23 cm pour la femelle, pour un poids de 3 à 4 kg.

Il est très élégant et a un port de tête fier et distingué. Les imperfections à surveiller avant de prendre un bichon maltais :

Chien agressif ou peureux. Chien qui présentent des anomalies d'ordre physique ou comportemental notamment une divergence ou convergence accentuées des axes crânio-faciaux ou une dépigmentation totale de la truffe ou une truffe d'une couleur autre que noire. Chien à l'œil vairon. Chien avec une dépigmentation totale des paupières. Chien dont le poil, est frisé ou avec des taches de diverses couleurs quelle que soit leur extension.

Lors de l'achat d'un chiot, vous devrez veiller à ses points si vous souhaitez faire des concours. Je vous invite à contacter, le club des bichons, à Orval 18200 France.

SA SANTÉ

De santé robuste, le Bichon maltais est rarement malade. Il faut être prudent avec ses yeux qui larmoient et qu'il s'agit de les nettoyer chaque jour. Il est très exigeant en matière d'alimentation. Il a une espérance de vie de plus de 15 ans, cela peut aller jusqu'à 18 ans.

Il faut prendre la précaution, de lui donner les meilleures croquettes, adaptées à son âge, et qu'il digérera bien et évacuera correctement. Je conseille le Bio ! Il faudra varier le goût des croquettes.

Sa santé sera au « Top », si vous l'inscrivez dans un club, ou il pourra faire de petites séances d'agility, sans idées de concours.

Dès son jeune âge, vous devrez lui faire rencontrer des copains. C'est excellent pour sa socialisation.

Quelques précautions à prendre :

N'attendez pas son grand âge pour demander un bilan sanguin lors d'une visite pour les vaccinations. Plus on détecte tôt un éventuel problème et mieux on peut le soigner.

Il n'est pas recommandé de le laisser sauter d'un canapé, d'un lit, d'un fauteuil, d'un muret, on peut toujours craindre une luxation de rotule. Le surpoids favorise hélas ce risque de luxation. Attention quand il est chiot, à ne pas le faire sauter.

SON TOILETTAGE

Son poil est d'un blanc de neige et nécessite d'être peigné soigneusement chaque jour avec un peigne aux dents légèrement écartées pour ne pas l'arracher.

Mais vous pouvez aussi l'emmener chez le toiletteur pour lui faire faire une coupe courte tout à fait craquante, et qui vous soulagera d'une bonne partie du démêlage journalier, car un petit coup de peigne suffira alors.

Trois séances de toilettage par an suffiront. Cependant, c'est très important, ne coupez pas ses poils avant ses huit mois pour ne pas les abîmer.

Il ne doit présenter aucun nœud. en coupe courte comme en robe longue.

Il lui faut un shampoing chaque semaine, suivi

d'un après shampoing conditionneur très nourrissant, bien rincé, et d'un brushing méticuleux et pas trop chaud.

Le délai entre deux bains après shampoings, vous est dicté par le degré de salissure des poils blancs. Il n'y a aucune obligation de nombre de jours, juste vous devez veiller à ce que son poil reste blanc.

Tous les quinze jours vous couperez les poils entre les coussinets qui poussent très vite et il ne faut pas attendre qu'il soit gêné pour marcher. C'est par les coussinets que se fait la transpiration d'où l'importance de les avoir toujours bien dégagés.

Tous les mois vous couperez les ongles et les ergots avec un coupe-ongles adapté. Plus souvent pendant toute la période chiot où il faut parfois faire des raccords tous les 10 jours.

DEUXIÈME PARTIE

François KIESGEN de RICHTER

L'ÉTIOLOGIE

Connaître l'étiologie avant d'éduquer un chien, est une démarche indispensable qui vous évitera bien des déboires.

Le chien est avant tout un animal avec des comportements issus de son parcours génétique, il a des besoins spécifiques, en tenir compte vous permettra de mieux appréhender son éducation.

La domestication du chien est intervenue longtemps avant celle de toutes les autres espèces domestiques actuelles. Elle précède de plusieurs dizaines de milliers d'années la sédentarisation et l'apparition des premières fermes agricoles.

Les chiens sont issus du Loup gris (Canis lupus) domestiqué à plusieurs endroits du monde.

L'identité exacte de l'ancêtre du chien a longtemps été un mystère. Des scientifiques subodoraient que les chiens provenaient d'un croisement entre des loups et des chacals.

Les progrès récents ont finalement permis d'établir que le chien est plus proche génétiquement des sous-espèces actuelles de Canis lupus (Loup gris) avec lequel il partage 99,9 % de son ADN.

En 1997, une comparaison de génome sur 300 échantillons appartenant à la lignée des chiens domestiques actuels et à la lignée des Loups gris a montré, que ces lignées s'étaient séparées il y a 35 000 ans.

La découverte d'une lignée de loup aujourd'hui éteinte : le loup Taïmyra est à l'origine de la divergence entre le loup et le chien. Il y a 27 000 ans la séparation devint totale.

La relation entre humains et canidés sauvages est très ancienne. Des restes de loups ont été retrouvés en association avec ceux d'hommes il y a 400 000 ans.

Les chasseurs-cueilleurs et les loups avaient plusieurs points communs : ils appartenaient à des espèces sociables, ils partageaient le même habitat et ils se nourrissaient des mêmes proies.

Des études ont montré que les louveteaux capturés tout jeunes et élevés par des hommes s'apprivoisaient et se socialisaient facilement, d'autant plus qu'ils dépendaient de leurs maîtres pour leur alimentation.

Cela n'explique toutefois pas leur domestication, puisque ces louveteaux demeuraient des loups. Pour cela l'homme fit s'accoupler des loups domestiqués et commença à en faire l'élevage. Ainsi naquit le Canis Lupus Familiaris, autrement dit le nom scientifique du chien. Et ce quelle que soit sa race.

L'homme a sélectionné les races, en sélectionnant des loups domestiqués et en les croisant en fonction de leurs aptitudes et de leurs physiques : le plus petit avec le plus petit, celui court sur pattes avec son semblable, le museau le plus plat avec un autre museau plus plat, le plus rapide avec le plus rapide, le plus agile avec le plus agile, les poils longs avec les poils longs, puis en associant les qualités des uns avec les qualités des autres.

Il est extrêmement important de savoir que tous les ascendants de nos amis chiens ont commencé leur existence par une évolution commune même si ce fut en combinant des caractéristiques précises.

Par ailleurs, des groupes de chiens errants ont constitué des populations canines plus ou moins indépendantes de l'homme et distinctes des chiens domestiques. Ils sont toujours restés semi-sauvages. Attention par exemple en Inde ou ils pullulent. Ils ne peuvent pas retourner à la vie sauvage et ils ont donc une vie à part et représentent un danger.

Pourquoi est-ce important de comprendre le parcours génétique du chien ? Le Canis Lupus (le loup) est le Canis Lupus familiaris (le chien) ont des comportements de base et des besoins identiques.

En connaissant l'étiologie vous pourrez affiner votre méthode d'éducation canine. La connaissance des besoins et des instincts est primordiale pour comprendre votre chien.

LE PEDIGREE

Le Pedigree peut être considéré comme le passeport du chien de race pure. On peut remonter jusqu'à 4 générations grâce à ce document. En France, c'est la Société Centrale Canine qui gère et délivre le pedigree.

Le pedigree et s'obtient après avoir présenté le chien à l'examen de confirmation entre 12 à 15 mois, selon les races., en général 15 mois. Il n'y a pas d'âge maximum. Si vous avez l'impression que votre chien est encore un peu juvénile, laissez passer quelques mois avant de le présenter. Vous éviterez ainsi un ajournement, que le juge peut demander, pour attendre son épanouissement.

Lors de cet examen, un juge confirmateur agréé examine la conformité morphologique du chien au standard de sa race et évalue l'équilibre de son comportement. Il vérifie l'aptitude de votre chien à reproduire des chiens de race et à contribuer à l'amélioration de sa race.

Les futurs chiots du chien avec pedigree seront pré-inscrits au L. O. F, par l'éleveur qui vous aura vendu votre chiot.

Les séances de confirmation sont organisées par les Sociétés Canines Régionales lors des expositions canines ou par les Clubs de race.

À noter que les confirmations ouvrent un droit d'inscription que vous devez acquitté.

Ensuite, si votre chien est confirmé, il aura un LOF. Vous devrez envoyer son carnet de naissance à la SCC avec la validation de la confirmation qui est une attestation qui vous ait remise sur place. Parfois l'attente de retours du document est longue. N'oubliez pas de faire une copie des originaux.

Le Livre des Origines Français regroupe environ 400 races de chiens homologuées par la Fédération Cyno logique Internationale.

Le LOF vous donne la certitude que votre chien a les qualités et les attributs qui sont ceux de sa race.

Les caractéristiques physiques et les aptitudes particulières de chaque race sont décrites avec précision dans un document officiel : le Standard de Race. Ce document, émanant du pays d'origine de la race du chien, est la "référence". Il décrit avec précision les différentes parties du corps, les couleurs et natures de robe ainsi que les traits dominants. C'est un appui précieux sur lequel vous pouvez compter.

L'attestation de vente est obligatoire pour un chien LOF. Ce contrat, signé par le vendeur et l'acheteur, doit mentionner : la date de vente, l'identité du chien, son prix, l'adresse des vétérinaires choisis par les parties en cas de litige. Elle précise l'inscription provisoire ou définitive du chien au L. O. F.

La Puce électronique est obligatoire pour les chiens LOF. L'immatriculation des carnivores domestiques est exigée en France dans un certain nombre de situations : Avant la cession (même gratuitement, et même entre particuliers), pour les chiens de plus de 4 mois, et au-delà, pour certifier la vaccination antirabique, pour les passages transfrontaliers.

La Puce électronique est également précieuse pour retrouver son compagnon en cas de fugue et pour établir qui est le propriétaire de l'animal.

Pour les maîtres se déplaçant à l'étranger, la puce inclut l'information nécessaire pour identifier le pays d'origine et contacter le bon fichier.

De la taille d'un grain de riz, le transpondeur dit puce électronique est un composant enrobé de verre bio-compatible. Il est glissé sous la peau par le vétérinaire, à l'aide d'une forte aiguille. Cet acte médical se réalise, selon le cas, avec ou sans anesthésie.

La lecture s'effectue à l'aide d'un appareil spécifique, promené sur le chien. Le numéro s'inscrit sur un écran à cristaux liquides. Cette vérification sera faite plusieurs fois durant la séance de confirmation, et à chaque fois que vous présenterez le chien chez un nouveau vétérinaire, et en concours de beauté ou de sport canins.

La durabilité de l'implant est supérieure à la durée de vie de l'animal. L'information qu'il contient est infalsifiable. Le numéro attribué est unique et correspond à un seul animal, sans confusion possible. Les coordonnées du détenteur sont centralisées dans le pays d'implantation, auprès d'un organisme agréé par les autorités locales.

Lorsque le chien est déplacé de manière définitive dans un autre pays, son enregistrement doit se faire à nouveau dans le pays d'accueil.

En France, cet enregistrement s'effectue auprès d'un vétérinaire. Les déplacements courts (vacances) ne nécessitent pas de démarche spécifique.

À l'inverse, les travailleurs transfrontaliers et les voyageurs partageant leur temps entre deux pays gagnent à faire enregistrer leur animal à titre complémentaire dans le second pays fréquenté.

L'accès aux renseignements du fichier est autorisé aux seuls vétérinaires, membres des forces de l'ordre, municipalités et gestionnaires de fourrières, moyennant un code d'accès professionnel.

Placé sous la peau, le risque existe que le découvreur d'un animal errant n'ait pas l'idée de la présence d'un transpondeur électronique. Cet inconvénient peut aboutir à une adoption spontanée par un particulier (appropriation) ou au placement (illégal) auprès d'un foyer d'accueil alors que le circuit d'adoption réglementaire est légalement géré par les Sociétés de Protections Animales et assimilées. De tels placements illégaux, réalisés le plus souvent de bonne foi, peuvent aboutir à une lecture très différée de la puce électronique. Certains vétérinaires ne font pas systématiquement la lecture de la puce, à chaque première présentation d'un animal dans leurs cabinets. Dans ce cas, il faut éviter ces professionnels, car ils ne font pas bien leur métier.

Lorsque la puce est identifiée fausse ou absente au détour d'une consultation, le vétérinaire doit en informer le détenteur qui a présenté l'animal à sa consultation. Il peut l'aider à retrouver le propriétaire légitime mais sans pouvoir le rechercher lui-même de sa propre initiative.

Les fichiers des différents pays ne sont pas interconnectés. Aussi, les voyageurs se rendant régulièrement dans un même pays étranger ont-ils intérêt à enregistrer à titre complémentaire leur animal dans le fichier de ce pays.

Nous nous avons la chance en France, que n'ont pas d'autres pays européens, de pouvoir utiliser simultanément deux systèmes d'enregistrement le tatouage et la pose d'une puce électronique c'est sans aucun doute le meilleur moyen de pouvoir retrouver son animal de manière rapide.

S'il faut choisir, le transpondeur est très largement préférable au tatouage.

Si vous choisissez aussi le tatouage il faut le faire

dès le deuxième mois, à l'occasion du premier vaccin. Le tatouage est pratiqué par un vétérinaire ou par un tatoueur agréé par le Ministère de l'Agriculture. Ce praticien est responsable de la transmission de l'information au Fichier National Canin.

La carte d'identification du chien vous est obligatoirement remise par le vendeur ou l'éleveur.

Par la suite, en cas de changement adresse, don, vente, transmettez les modifications à la S.C.C. grâce à la carte T, détachable de la carte d'identification du chien. Celle-ci vous retournera gratuitement une nouvelle carte. C'est juste un peu long.

À l'examen de confirmation si la marche à l'allure n'est pas correcte, le juge peut également vous demander de faire procéder au contrôle des hanches par radiographie et ajournera votre chien jusqu'au retour du résultat.

L'expert-confirmateur va comparer votre Chien au standard de sa race : mesurer sa hauteur, s'assurer que les dents sont bien placées, que la couleur des yeux et de la robe sont dans les tons souhaités, que la construction osseuse est conforme, que les testicules sont en place pour les mâles, que le caractère est équilibré et sympathique…

Pour cet examen le juge doit pouvoir examiner les dents. Il est nécessaire d'habituer votre chien à ce que des étrangers mettent les doigts dans sa bouche, demandez à vos amis de le faire.

COMPORTEMENT CANIN

Le Chien est particulièrement ritualisé dans son comportement du quotidien, il est souvent « réglé comme du papier à musique » pour réagir à notre emploi du temps qui dicte le sien.

C'est d'ailleurs dans la « routine » que le Chien se sent le mieux : ce sont les rituels appris, et le prévisible, qui le rassure.

Au rythme de nos allées et venues, de son éducation à nos attentes, le Chien se fabrique un « catalogue de comportements canins », qui est organisé autour de nos activités humaines, professionnelles ou autres.

Le changement d'habitude doit se gérer, et il faudra préparer le chien avec une immersion progressive si possible, et toujours être plus proche du Chien dans ces moments-là.

Les situations pour un Chien – pas le chiot – qui indiquent un état de stress sont en général : le pipi et le caca, la destruction, et le développement de l'agressivité. Plus rarement le Chien développera des névroses et des pathologies psychosomatiques.

Un changement de maître prend au minimum un an à un Chien pour se réadapter et il en gardera des séquelles.

Un Chien battu qui change de famille demande deux ans d'adaptation. L'aide d'un professionnel sera nécessaire.

Si vous avez des enfants et que vous prenez un chien adulte, il ne faut pas que ce soit votre premier chien, et il faudra vous faire accompagner par un professionnel pour l'éducation du chien. Un professionnel n'est pas un éducateur de club, mais une personne diplômée en « comportementalisme canin ».

Trop de chiens s'ennuient et souffrent d'un manque d'activité. Dormir, manger, sortir en laisse pour une petite promenade résume la vie de beaucoup de nos chiens.

Génétiquement, instinctivement, un chien est programmé pour de l'action. L'inaction le conduit souvent à avoir des problèmes de comportement et des troubles psychosomatiques. Ne pas répondre aux besoins de votre chien est une forme de maltraitance passive.

Nos chiens vivent des émotions, et ont des sentiments. Nous ne pouvons pas savoir exactement ce que ressent notre chien, mais nous pouvons en avoir une idée. Il n'y a rien de mystérieux, c'est simplement d'avoir créé un rapport de confiance.

Le modèle hiérarchique est le modèle universellement répandu. Chaque comportement du chien est disséqué et interprété en termes de pouvoir et d'autorité. On parle de chien dominant et de chien soumis. Trop de dresseurs canins dominent le chien, et donc cassent son caractère. Parfois les perfides nomment cela débourrer un chien. C'est une obsession malsaine.

Nous venons de voir que l'autoritarisme n'est pas le bon choix. Un autre choix est de donner au chien tous les droits, comme s'il s'agissait d'un prince. Les petits chiens, développeront ainsi très vite des problèmes de comportement liés aux manques de repères, au manque de limites, et au manque de complicité.

En résumé les comportements chaotiques et psychotiques, sont essentiellement liés à ces deux modes de communication avec le chien : autoritarisme et laisser faire.

François KIESGEN de RICHTER

CHOISIR UN CHIOT

Un chiot ne s'achète pas à la légère. Le plus rassurant sera de choisir un chiot préenregistré au LOF, c'est la garantie que la famille de votre chien respectait des critères physiques et de comportement.

Vous devez visiter le site du Club de la race. En général le club sélectionne les élevages. S'il y a une portée elle sera annoncée sur le site.

Vous devrez visiter l'élevage, il ne faudra pas décider avant, et surtout pas par téléphone. Vous téléphonerez pour une visite.

Lors de la première visite de l'élevage, faites confiance à votre instinct, soyez observateurs, questionnez l'éleveur. Avec ce livre vous saurez déjà beaucoup de choses. Vous allez vivre quatorze ans, avec votre compagnon. Voyons, c'est sérieux.

C'est très intime. Vos enfants joueront avec votre chien. C'est essentiel que votre chien soit sociable. Attention, avec un enfant ne perdez jamais le chien de vue. Quelle que soit la race du chien, du caniche au Bull Mastif, cette règle est essentielle.

Pour choisir votre chiot il y a le test comportemental de Campbell, élaboré par le psychologue William Campbell à la fin des années soixante, qui a été créé pour prévoir les tendances comportementales des chiots soumis à l'attraction, aux ordres et à la domination (physique et sociale) de l'homme.

Son but est d'aider un acquéreur potentiel à choisir, à l'intérieur d'une portée, le sujet le plus adapté au milieu et à la famille dans lesquels il est appelé à vivre.

Le test de Campbell est très utile si l'on n'attend pas d'autres résultats que ceux prévus à l'origine par ce test : ce n'est ni un test d'intelligence ni un test d'aptitude, et l'on ne peut donc pas considérer qu'il va nous fournir des indications allant dans ce sens.

Dans quelques cas seulement, avec des races au caractère très particulier – comme le Chow-Chow –, le test de Campbell ne donne pas de résultats fiables.

Le test se fait entre quarante à cinquante jours, il dure une demi-heure. Dans un lieu isolé, tranquille, n'offrant aucune distraction, et clos. Il doit y avoir une entrée parfaitement identifiable. Il est indispensable que ce lieu, situé à l'extérieur ou à l'intérieur, soit absolument inconnu du chiot.

Le futur propriétaire du chiot doit demander à exécuter le teste, pas par l'éleveur, car les résultats ne seront d'aucune utilité pour le futur acquéreur. Le teste permet de mesurer le futur lien chien - Maître.

Si l'éleveur vous dit qu'il a déjà soumis la portée au test, demandez-lui gentiment l'autorisation de le refaire vous-même. S'il refuse, à vous de juger l'éleveur. Sûrement sa notoriété est surfaite. Méfiez-vous des éleveurs qui refusent, ce n'est pas eux qui payent les pots cassés à la SPA.

Vous prenez vous-même le chiot que vous envisagez et vous conduisez dans la zone réservée au test. Cette zone est évidemment convenue avec l'éleveur.

Vous ne devez pas parler au chiot, ni l'encourager, ni le caresser. Si le chiot fait ses besoins pendant le test, ignorez la chose et ne nettoyez l'endroit que quand le chiot est parti.

Attraction sociale : Posez délicatement le chiot au centre de la zone de test et éloignez-vous de quelques mètres dans la direction opposée à celle de l'entrée. Accroupissez-vous ou asseyez-vous en tailleur et tapez doucement dans vos mains pour attirer le chiot, le chiot doit vous rejoindre.

Aptitude à suivre : Partez d'un point situé à proximité du chiot et, éloignez-vous de chiot en marchant normalement. Le chiot doit vous suivre tout de suite.

Réponse à la contrainte : Accroupissez-vous, retournez délicatement le chiot sur le dos et maintenez-le dans cette position pendant 30 secondes environ en laissant votre main sur sa poitrine. Le chien se rebelle puis se calme et vous lèche.

Dominance sociale : Baissez-vous et caressez doucement le chiot en partant de la tête et en continuant par le cou et le dos. Le chiot se retourne et vous lèche les mains.

Dominance par élévation : Prenez le chiot sous le ventre en croisant vos doigts, les paumes des mains vers le haut. Soulevez-le légèrement du sol et maintenez-le ainsi pendant 30 secondes environ. Le chiot se rebelle puis se calme et vous lèche les mains.

Le test complet est modulable, en fonction des réponses, mais je vous ai donné les meilleures réponses du chiot.

Certains chiots ont tendance à réagir d'une façon dominante et agressive et pourraient même mordre. Ils ne conviennent pas à des enfants ou à des personnes âgées.

Certains chiots ont tendance à dominer et à se distinguer, sans toutefois atteindre des excès une éducation douce et cohérent sera impérative. Ils ne sont pas recommandés dans les familles où vivent déjà des enfants en bas âge ou d'autres chiens du même sexe.

Certains chiots, sont extrêmement soumis, devront recevoir beaucoup de douceur et de gratifications pour avoir confiance en eux et parvenir à s'adapter le mieux possible au milieu humain. Ils cohabiteront difficilement avec des enfants.

Le chiot a répondu comme je vous l'ai indiqué, il peut s'adapter partout, même s'il y a des enfants ou des personnes âgées. Il a un degré élevé de docilité.

Maintenant vous pouvez réserver votre bébé. Vous poserez une option ferme et vous donnerez un acompte.

Une femelle ou un mâle. Un mâle ou une femelle ? C'est au choix. Considérez qu'un mâle à plus de caractère est inexact, chaque chien est influencé par ses gènes et son environnement. Les gènes sont connus si vous prenez une lignée avec un LOF, ce sera à vous de créer l'environnement adéquat.

Aujourd'hui un mâle peut recevoir une vasectomie, et en général les femelles être stérilisées chimiquement avant les menstruations.

Vous viendrez voir l'évolution de la portée lors d'une deuxième visite dès que les chiots auront soixante jours.

François KIESGEN de RICHTER

L'ARRIVÉE DU CHIOT

Avant de voyager, vous avez réglé les dernières formalités, et vous avez été particulièrement attentifs aux vaccinations. Vous avez un carnet de santé, un Livret des Origines Familiales, et une facture.

Pour votre voyage, sachez que le chiot est un être fragile qui va pour la première fois vivre ce qui est pour lui un drame. Alors soyez compréhensifs envers votre chien.

Vous ferez une halte par heure. Vous avez de l'eau, une gamelle, du papier absorbant, deux serviettes, une vieille chemise à vous.

Pourquoi vous demandez-vous ? Et bien la chemise va beaucoup servir plus tard car elle sera imprégnée de votre odeur, et deviendra une ancre pour le chien. L'éducation du chien de garde commence dès maintenant.

Lorsque le chiot entre à la maison, il faut qu'il

trouve un coin prêt pour lui. Il aura un panier avec un tapis moelleux. S'il vous plaît éviter l'osier car le chiot va déchiqueter et engloutir des morceaux. Vous aurez prévu deux écuelles si possible en acier et des jouets. Il devra y avoir deux types de jouets, pour s'amuser, et pour travailler.

Je vous conseille la marque Kong car elle convient au futur chien de garde qui aura une belle mâchoire. Ne donnez pas de jouets en mousse ou en plastique que le chiot va détruire et dont il avalera des morceaux. Je préconise une balle ronde, une balle ovale et une barre en élastomère.

Le poids des chiens pèse sur leurs articulations non protégées par du poil, et cela engendre des calcites aux coudes des pattes. Pour cela optez pour un coussin de panier très confortable et si possible avec une housse lavable.

Il ne faudra pas donner ses jouets au chiot. Vous devrez attendre au minimum trois jours avant de jouer avec lui. Ensuite vous pourrez laisser à la disposition du chiot un os en cuir, mais attention aux calories.

Les autres jouets vous les garderez pour jouer avec le chien. Cette procédure est la base de l'éducation du chien de garde.

Le chiot en arrivant va devoir s'habituer à son chez lui et à sa nouvelle famille. Soyez patients, laissez le chiot prendre ses marques. Vous devrez attendre que votre chien soit en sécurité et se sente protégé.

À son arrivée, vous allez d'abord continuer les câlins. Puis doucement à son grès laisser le chien explorer sa nouvelle maison. À ce moment-là, il y aura peut-être un besoin urgent. Faite comme si de rien n'était. S'il vous plaît ne montrez pas au chien que vous nettoyez, ne marquez pas le moment des besoins sinon vous augmenterez le temps que le chiot mettra à être propre. Et si vous avez un jardin, vous pourrez anticiper le moment du besoin urgent. Votre chiot sera très vite propre.

Le chiot fourrera son museau partout, laissez le faire pour qu'il puisse se familiariser avec son milieu. Comme il va à un moment faire une bêtise, votre première leçon d'éducation va commencer.

Vous devez savoir dire « Non » et de façon sèche. Pour un futur chien de garde c'est très important.

Ne vous inquiétez pas, si vous devez répéter. Pendant les deux premières semaines, c'est juste un « Non » que vous répéterez autant de fois que nécessaire. Surtout il ne doit pas y avoir de punition.

Ne vous précipitez pas au moindre gémissement du chien, sous peine d'en faire un mauvais comportement.

Le chien vit sa vie, vous vivez la vôtre. Il y a un moment pour le jeu, un moment pour l'éducation, un moment pour le repas, des moments pour courir et d'autres pour se reposer. Ce n'est pas le chien qui décide.

Éviter l'accident en apprenant à bien soulever le chiot, mettez une main sur la poitrine, mettez l'autre main sous les fesses.

Après une semaine, vous direz « Non » pas plus de deux fois. Si le chien continue, vous n'insisterez pas. Vous changerez de stratégie. Rappelez-vous c'est un futur chien de garde donc vous ne criez pas. Et vous ne touchez pas le chien.

Vous allez créer une ancre. Retenez que l'ancrage est une excellente technique. Vous allez associer l'ordre « Non » à un bruit. J'ai choisi la bouteille d'eau en plastique vide que j'ai remplie de petits cailloux et que j'ai bien bouchonnée. Vous lancerez la bouteille à droite ou à gauche du chien en donnant sèchement l'ordre « Non ». S'il vous plaît ce n'est pas un jouet mais un outil d'éducation, alors ne donnez pas la bouteille au chiot. Je dis à droite ou à gauche et suffisamment loin de lui. C'est juste fait pour détourner son attention. L'erreur sera de toucher le chien avec la bouteille car vous le rendrez peureux.

Le chiot devra rester une semaine dans sa maison avec sa famille. Il ne devra pas rester seul car il serait désorienté et stressé. Et malheureusement votre chiot répondra à sa façon à son déséquilibre.

Ensuite après une semaine, sortez et laissez le chien seul cinq minutes puis revenez. Félicitez-le, il n'a rien fait, il sera content de vous revoir. S'il a fait un besoin, ou une bêtise, faite comme si e rien n'était. Vous pourrez diminuer le temps, et mettre trois minutes.

En général nous commençons par cinq minutes, puis dix minutes, faites-le tous les jours, et augmentez la durée. Le chien n'a pas la notion du temps. Mais, il a peur de l'abandon. Alors transformez la notion d'abandon en attente positive. Plus tard, vous allez confier votre maison à votre chien. Alors ne loupez pas cette éducation de base.

À partir de deux semaines chez vous le chien devra sortir et là aussi vous devrez respecter une procédure. Pour sa première sortie le chien sera avec une laisse et un collier en cuir et surtout pas de collier étrangleur et encore moins de collier électronique.

Vous maîtrisez le premier commandement qui est le « Non ». Vous allez travailler l'« Au pied ». Vous vous rendez dans un endroit calme et vous allez apprendre au chien à marcher à côté de vous. Commencez par mettre votre chien à votre gauche, puis commandez « non du chien - au pied » et avancez la jambe gauche. Le mousqueton doit tomber librement, le chien doit avoir les épaules au niveau de votre genou. Le chien doit vous suivre mais pas vous devancer. Surtout allez-y doucement, vous ne corrigez pas le chien, vous lui apprenez. Ne vous inquiétez pas, il comprend.

Votre ordre sera toujours « non du chien - au pied » et vous ramènerez délicatement le chien en bonne position. J'ai dit délicatement car c'est un chiot. Mais il a le droit de sortir, et en tout cas il ne doit pas apprendre un mauvais comportement. N'allez pas vous compliquer la vie, pour plus tard. Le chien est en apprentissage. Soyez compréhensifs. Avez-vous appris immédiatement ?

Pour l'instant limitez-vous à l'apprentissage de la marche en laisse. Et ne brûlez pas les étapes. Vous avez remarqué que nous avons commencé tôt son éducation.

Les sorties devront être progressives en durée et en complexité. N'exposez pas votre chiot au centre-ville un samedi aux heures de pointe.

Commencez par des balades en campagne, puis en ville dans un endroit protégé du trafic, puis petit à petit exposez le chien.

Tôt ou tard votre chien aura peur. S'il vous plaît n'ancrez surtout pas ce comportement. Faites comme si de rien n'était et continuez à marcher. Il ne faut jamais féliciter un chiot pour un comportement inadéquat.

Je vous résume ma méthode en deux points : l'ancrage et le renforcement positif. Rien d'autre jusqu'à six mois.

Quand on désire un peu de tranquillité à la maison, on peut utiliser un enclos pour chiot. Le chien doit avoir un repère, c'est son panier et : ou sa niche. Il doit de lui-même s'habituer à s'y rendre. C'est son coin, vous n'avez pas le droit d'y aller.

Vous devez aussi avoir une cage de repos. Il faut l'y habituer dès son plus jeune âge, en le mettant dedans.

Pour amener le chien à utiliser son panier puis à accepter sa cage de repos, il faut y placer au début un os à ronger, une friandise, son jouet préféré mais surtout sous le coussin la chemise qui a été utilisée pour l'arrivée du chien et qui porte votre odeur.

Ne l'oubliez pas l'ancrage olfactif est une façon de rassurer le chien. Vous voulez l'habituer à rester seul un moment dans la voiture, à l'hôtel, chez des proches, chez des amis, il faudra utiliser l'ancrage olfactif pour que le chien reste serein. Bien entendu l'apprentissage est obligatoire, c'est de l'immersion puis de la répétition. Donc apprenez au chien, puis répétez.

Prenez votre temps, le chien apprend très vite, mais ce n'est pas un robot et parfois il fait son caractère. Dans ce dernier cas restez gagnants en n'insistant pas.

Le chiot ne devra jamais être dérangé lorsqu'il se trouvera dans son coin. Le chiot doit avoir à boire en permanence. Lorsque je me déplace je pense à amener de l'eau pour le chien. Un chien boit beaucoup, et de l'eau saine et propre.

Le chiot mange à heure fixe une ration prévue et si possible une alimentation de qualité. Il a 20 minutes, puis vous enlevez la gamelle.

J'utilise personnellement des croquettes bios. Ne donnez pas en dehors du repas.

Pour les friandises, vous devez comprendre qu'elles sont nécessaires à l'éducation du chiot et plus tard du chien. Je me répète il faut travailler en renforcement positif. Donc la récompense est un outil d'éducation. Seulement la récompense est calorique. J'utilise du cœur de bœuf qui est une friandise sans gluten, sans sucre, sans sel.

Il est important de commencer très jeune à habituer votre chiot aux soins quotidiens : oreilles, yeux, brossage…

On peut croire que votre chiot est équipé de piles longue durée, mais il a besoin de beaucoup de repos pour grandir. Plus votre chiot est grand, plus il est enclin à des problèmes d'articulation, et les jeunes chiens peuvent développer des problèmes graves s'ils font trop d'exercice.

Attention aux exercices violents, aux escaliers, aux courses rapides, aux randonnées trop longues, trop d'exercices peuvent nuire à sa santé.

Le chiot ne doit pas dépasser ses propres limites. Il faut être très prudent pendant sa croissance car il développe son ossature et trop d'exercices peuvent engendrer des problèmes d'articulations. Limitez vos balades à 5 minutes au début et augmentez progressivement. Ne pas dépasser 30 minutes par séance jusqu'à 8 mois (la croissance rapide se produit entre 2 et 8 mois). Ensuite, continuez très graduellement jusqu'à ses 2 ans.

C'est important de ne pas confondre vitesse et précipitation, dans l'éducation d'un futur chien de garde.

Les chiots adorent jouer, mais ont besoin de

beaucoup de siestes entre les jeux et les repas.

Ne faites pas jouer votre chiot/chien immédiatement après les repas il risque une torsion d'estomac qui est mortelle si elle n'est pas soignée immédiatement.

Les différents apprentissages du chiot. Voici un résumé des différents apprentissages du chiot au fur et à mesure de sa croissance. Les âges indiqués ne sont pas à prendre au jour près, mais approximativement autour de cette période :

La gestation dure environ 9 semaines. Pendant les 10 à 15 derniers jours de gestation, le fœtus possède déjà des compétences tactiles. Il réagit à la caresse du ventre de sa mère et aux stress que celle-ci subit, il est donc essentiel que la gestation de la mère se passe dans les meilleures conditions d'attention, de calme et de sérénité. D'où les visites que je conseille à l'élevage.

De la naissance à 15 jours c'est la période néonatale. La maturation du système nerveux n'est pas terminée à la naissance des chiots. Les fibres nerveuses vont progressivement s'entourer d'une gaine lipidique, la myéline, qui facilite le passage d'influx nerveux. La myélinisation des cellules nerveuses et des neurones permet la circulation de l'information jusqu'au cerveau et du cerveau aux membres. Le chiot est sourd, aveugle et incapable de se mouvoir, il passe le plus clair de son temps à dormir. Le réflexe de frisson thermique n'existe pas dans les premiers jours, ce qui explique que les chiots dorment en amas la première semaine, puis en parallèle lorsqu'ils commencent à bouger les pattes antérieures (grâce la progression de la myélinisation de la colonne vertébrale). Le chiot est totalement dépendant de sa mère qui le nourrit, le protège, le nettoie par léchage en stimulant l'élimination et ingérant ses excrétions. On notera l'apparition du réflexe de fouissement, il cherche à enfouir sa tête dans des endroits bien chauds, et du réflexe labial ou il essaie de téter tout ce qui s'approche de ses lèvres, mais aussi du réflexe périnéal (il fait ses besoins quand sa mère lui lèche le ventre et le périnée).

Je conseille de prévoir dès la naissance des petits, une pièce d'éveil avec des sons variés, des jouets de différentes textures, des tissus, des morceaux de bois, et tout autre objet, pour les familiariser aux ustensiles inconnus et favoriser leur stimulation sensorielle. Demandez à l'éleveur, c'est un moyen de sélection des éleveurs.

De 15 jours à 3 semaines : période de transition. C'est la phase de développement des sens, le chiot ouvre les yeux (entre le 10e et le 14e jour), entend (entre le 14 et le 21e jour), et sursaute au bruit (réflexe de sursautement) à la 3e semaine. Les chiots se dirigent vers les sons et la lumière. L'apprentissage de groupe commence, c'est la socialisation primaire. C'est aussi le début de l'apprentissage du comportement de communication avec les premiers aboiements, grognements, jappements.

Le comportement exploratoire (d'investigation) débute lui aussi, avec un pic paroxystique vers le 23e jour.

Vers la 4e semaine : le chiot passe à la phase exploration et identification de l'environnement. C'est le moment des apprentissages essentiels : acquisition des autos contrôles comme l'inhibition de la morsure (les cris du mordu font lâcher le mordeur), la hiérarchie, les jeux. Si les chiots sont séparés de leur fratrie à ce moment-là, on risque un mauvais contrôle de l'inhibition de la morsure, un apprentissage incomplet des règles sociales et un hyper attachement. L'attachement excessif peut conduire à former des chiens incapables rester seuls, par exemple. La 5e semaine est la période de l'apprentissage de la hiérarchie par appréciation de la gestion de l'espace et de la disponibilité de la nourriture : le chiot constate qu'il ne peut manger que lorsque tel individu a terminé, ou qu'il n'a pas le droit de prendre la friandise d'un individu qui lui est supérieur. La phase d'aversion débute elle aussi après cinq semaines, le chiot fuit les personnes inconnues et il a tendance à craindre les nouveautés. Les nouvelles espèces découvertes peuvent être considérées comme ennemies.

François KIESGEN de RICHTER

LA PROPRETTE DU CHIOT

Pour votre chiot à son arrivée, la propreté signifie de ne pas faire sur les lieux de couchage et de nourriture.

Le chiot doit donc comprendre la propreté autrement.

Pour faciliter l'apprentissage vous devez respecter quelques règles.

Distribuez la nourriture à heure fixe si possible jamais le soir tard.

Laissez manger le chien seul au calme et lui retirer sa gamelle vingt minutes après la lui avoir donnée. Qu'elle soit vide ou pas.

Toujours laisser l'eau propre disponible.

Sachant que le chiot se soulage après l'ingestion de nourriture, sortez-le à ce moment-là.

Un chiot dort beaucoup, il va donc se reposer de nombreuses heures et souhaite se soulager presque automatiquement à son réveil. Sortez-le juste à ces moments-là.

Un chiot de 8 semaines ne peut pas se retenir plus d'une heure ou 2 dans la journée, 3 ou 4 heures la nuit, donc soyez patients. Comptez les heures et sortez le chien.

Il ne faudra pas attendre de lui une réelle capacité à se retenir plusieurs heures avant l'âge de 6 mois.

Vous devez sortir le chien, après les siestes, les repas ainsi qu'après les séances de jeux.

Le chiot parfois va naturellement se soulager dans la maison, surtout ne le punissez pas. Mais n'ancrez pas ce mauvais comportement. Faite comme si de rien n'était.

Sortir le chiot souvent et dès son plus jeune âge est une évidence.

Au début choisissez de le conduire en laisse dans des endroits tranquilles et propres.

Les endroits bruyants, très fréquentés de gens et de congénères sont à proscrire.

Il est conseillé de sortir le chiot avant ses 3 mois. Le risque infectieux est minime. Par contre pour son éducation c'est génial. Il deviendra plus vite équilibré et capable de faire ses besoins en laisse où que vous alliez.

Et même si votre chiot dispose d'un jardin, cela ne dispense surtout pas de le sortir dans la campagne.

Enfin pas de fixation sur la propreté, elle viendra entre six et huit mois.

Tordons le cou à une idée répandue : on ne met pas le museau du chien dans sa merde ! c'est insensé. Vous n'aurez jamais un chien équilibré avec ce genre de méthode. À l'inverse le chien finira par devenir craintif, car la punition l'attend à tout bout de champ.

François KIESGEN de RICHTER

LA SOCIALISATION DU CHIOT

À partir de sa huitième semaine, le chiot peut de manière légale quitter l'endroit où il est né. Il va falloir qu'il découvre sa nouvelle « maison » et poursuive l'apprentissage de la vie, de ce qui l'attend dans les mois et années à venir.

Des expériences nouvelles sont indispensables aux chiots pour acquérir un équilibre comportemental satisfaisant à l'âge adulte, cette confrontation avec le monde qui les entoure devant se réaliser dans de bonnes conditions (absence d'éléments anxiogènes).

Le chiot a grandi aux côtés de sa mère qui s'est occupée de lui et l'a à sa manière inculquer quelques règles. Dans le meilleur des cas, il était aussi peut-être entouré de frères et sœurs avec lesquelles il a pu « échanger », joué et apprendre aussi le partage. S'il a vécu à la campagne et qu'il se retrouve en ville – ou inversement – cela constitue un premier grand changement dans sa vie. De nouveaux bruits, puis un nouvel environnement. Les premiers jours, cela fait beaucoup d'un seul coup ! C'est pour cela qu'il convient de l'accueillir avec un certain calme.

Le chiot va tout d'abord faire la découverte de son nouveau lieu d'habitation, en étant plus ou moins prudent. Ses explorations à travers les pièces de la maison peuvent constituer des dangers (objets à sa portée qu'il peut mordiller, produits en tout genre…) il faut être prudent. Certains s'adaptent plus rapidement que d'autres. Certains n'ont peur de rien… ou presque ! La prudence est de mise là aussi.

Le travail effectué en amont par l'éleveur ou le « premier » maître est déterminant. Si le chiot a été manipulé régulièrement, qu'il a été confronté en douceur et de manière progressive à différents bruits de la vie courante, il sera plus rapidement à l'aise. Ensuite, c'est au nouveau maître de poursuivre cet essentiel travail de socialisation. Là encore, tout en douceur, sans vouloir le confronter à tout, tout de suite. Le son de la télévision, de la radio, de l'aspirateur, le balai que l'on passe non loin de son museau, les voisins qui montent et descendent les escaliers, les visites d'amis… tout cela il devra le découvrir.

Lorsque votre chiot aura été vacciné vous pourrez l'emmener se promener sans craindre pour sa santé. Avant que le programme de vaccination de votre chiot ne soit terminé, présentez-lui le monde extérieur en le portant pendant les promenades. Apprenez-lui à s'habituer à la circulation, aux transports publics tels que les bus bruyants et aux rues citadines affairées. Ces sortes de petites incursions alors qu'il est tout jeune lui éviteront de nombreux problèmes plus tard dans sa vie.

Les chiots devraient être présentés à des enfants de tous les âges ; s'il n'y en a pas dans la maison, trouvez-en. Par contre, il devrait toujours y avoir un adulte qui supervise lorsque les enfants sont avec les chiens de manière à ce que les jeux ne deviennent pas trop houleux et que le chiot ait une expérience positive.

Une des meilleures manières d'apprendre les bonnes manières canines est de permettre à votre chiot de rencontrer un chien adulte. Soyez néanmoins très prudent quant au choix du chien auquel vous le présentez parce que les chiots peuvent tout aussi bien apprendre les mauvaises manières que les bonnes. La plupart des chiens adultes ne seront pas agressifs envers un chiot. Et si en jouant le chiot fait mal à l'adulte, le gros chien trouvera une manière d'arrêter le petit soit avec un grondement soit avec un aboiement. N'empêchez pas un chien adulte de le faire ! Le chiot apprend ainsi à limiter la force de sa morsure et à se contrôler lui-même. Si vous empêchez un chien plus âgé de contrôler un petit alors ce dernier pensera bien vite qu'il est le chef et qu'il peut faire tout ce qu'il veut.

Vous pouvez faciliter la vie de votre vétérinaire en apprenant à votre chiot à accepter son examen dès son plus jeune âge. Demandez à vos amis de procéder doucement à l'examen des oreilles, des yeux, de la queue, des gencives et des dents de votre chiot. Donnez-lui une petite récompense pour avoir permis ceci. De cette manière, les chiots apprendront qu'être manipulés par tout un tas de gens est une expérience agréable.

N'hésitez pas à consulter votre vétérinaire si vous avez quelques difficultés pour la socialisation de votre chiot. Plus tôt vous lui en ferez part, plus tôt des solutions efficaces se présenteront à vous.

Plus il aura de contacts avec divers milieux et différentes personnes, moins votre chien sera craintif et plus il aura confiance en lui. N'arrêtez jamais de le socialiser, car à la phase d'adolescence (vers 8 mois), votre chien aura tendance à devenir craintif et à oublier tous ses acquis s'il n'a pas été assez en contact avec différentes choses et situations. Cette socialisation du chiot doit donc être entretenue jusqu'à l'âge adulte par des contacts réguliers si l'on veut qu'elle persiste dans le temps. Le maître peut également entreprendre la démarche d'éducation du chiot auprès "d'écoles de chiots", de vétérinaires comportementalistes proposant des stages dès la période de socialisation de l'animal ou bien encore d'éducateurs canins et de clubs d'associations canines reconnus.

À PROPOS

Le code de la propriété intellectuelle n'autorisant, aux termes de l'article L. 122 — 5, 2 ° et 3 ° a, d'une part, que les « copies ou reproductions strictement réservées à l'usage privé du copiste et non destinées à son utilisation collective » et, d'autre part, que les analyses et les courtes citations dans un but d'exemple et d'illustration, « toute représentation ou reproduction intégrale ou partielle faite sans le consentement de l'auteur ou des ayants droit ou ayant cause sont illicites » (art. L. 122-4). Cette représentation ou reproduction, par quelque procédé que ce soit, constituerait donc une contrefaçon sanctionnée par les articles L. 335-2 et suivant du Code de la propriété intellectuelle.

Le droit d'auteur français est le droit des créateurs. Le principe de la protection du droit d'auteur est posé par l'article L. 111-1 du code de la propriété intellectuelle (CPI) qui dispose que « l'auteur d'une œuvre de l'esprit jouit sur cette œuvre, du seul fait de sa création, d'un droit de propriété incorporelle exclusif et opposable à tous. Ce droit comporte des attributs d'ordre intellectuel et moral ainsi que des attributs d'ordre patrimonial ».

François KIESGEN de RICHTER

INFORMATION

Ce guide permet de découvrir le Bichon Maltais, mais aussi, car je connais ce moment délicat, à vous conseiller lors de l'arrivée de votre chiot. Tout se joue dans les premières semaines.

La collection que je présente, inclut aussi des guides sur l'éducation, que vous pourrez envisager plus tard.

Pour rester dans un prix accessible à tous, ce guide n'est pas illustré, vous trouverez des photos sur mon site http://chien.revolublog.com.

François KIESGEN de RICHTER

VIVRE AVEC UN BICHON MALTAIS

Le Bichon Maltais accepte-t-il la compagnie des autres chiens ?

Mieux vaut, le socialise, mais il n'y aura pas de difficulté avec ses congénères, et il n'ira pas les provoquer.

La compagnie d'un chat est-elle possible ?

Oui à condition de l'habituer chiot, c'est à vous de fixer les règles, il n'y aura pas de souci.

Un Bichon Maltais peut-il être laissé avec un enfant ?

Tous les chiens sont un risque pour les enfants, et il faudra toujours surveiller. Le Bichon Maltais aime jouer. Les enfants doivent respecter des règles : comme ne pas tirer les poils du chien, ne pas le martyriser, le plus important sera que le chien puisse rejoindre son coin et il sera interdit aux enfants de le suivre.

N' est-il pas un chien trop affectueux?

Il sera adoratif de son maître ou de sa maîtresse mais ce n'est pas un pot de colle

Pourra-t-on le promener sans laisse en campagne ?

S'il a parfaitement compris le rappel, voir de marcher à vos côtés bien sûr. Gardez-le sous-contrôle, car il est souvent la cible de gros chiens libres..

En appartement, comment va-t-il vivre ?

Il adorera votre canapé. Il faudra le porter dans les escaliers jusqu'à trente mois. Il a besoin de se balader deux fois par jour, c'est un adepte des longues siestes. Mais il aime l'exercice, donc une grande ballade sera importante une fois par semaine.

Est-il adapté à la vie en ville ?

Il doit se dépenser chaque jour, l'appartement et la ville sont son idéal.

Supporte-t-il la solitude ?

C'est un chien d'intérieur qui ne supporte pas la solitude.

Quels sont ses plus grands défauts ?

Il quémande beaucoup. Il est très délicat en matière de nourriture. Il faudra donner du Bio, être stricte sur le grignotage, et nourrir deux par jour avec la quantité correspondant à son poids.

Il nécessite un entretien un peu compliqué de sa robe.

Va-t-il avoir des problèmes de santé ?

Il faut être extrêmement vigilant au niveau de son alimentation.

Est-il obligatoire de l'éduquer en école du chiot ?

Il faut en tout cas le socialiser et lui apprendre les ordres de bases, dès ses premiers mois. Vous pouvez vous-même l'éduquer, il faudra un peu lire.

LE BICHON MALTAIS